AF470146

LE

GALANT SAVETIER,

COMÉDIE-PARADE,

EN UN ACTE ET EN VAUDEVILLES;

Par SAINT-FIRMIN.

Représentée, pour la première fois, sur le théâtre de la Gaîté.

A PARIS,

Chez BARBA, Libraire, Palais du Tribunat, galerie derrière le théâtre Français de la République, n°. 51.
Et Galerie de bois, côté du Théâtre, n°. 264.

AN X.

PERSONNAGES.	ACTEURS.
DUTRANCHET, savetier.	*Blondin.*
Mad. DUTRANCHET, sa femme.	Mme *Seigne.*
JÉROME, } porte-faix.	*Boulanger.*
THOMAS, } porte-faix.	*Riviere.*
FANCHON, marchande de harengs.	Mlle *Fleury.*
JAVOTTE, marchande de marons.	Mme *Maucassin.*
LARIPOPÉE, marchand de vin.	*St. Albin.*

La scène se passe à Paris.

LE
GALANT SAVETIER.

Le théâtre représente un carrefour. A droite, en avant, on voit l'échoppe d'un savetier : en face un cabaret ayant pour enseigne, Au Bon coin. *Au fond, d'un côté, la marchande de harengs assise devant son panier ; de l'autre, la marchande de marons aussi devant son chaudron.*

SCENE PREMIÈRE.

FANCHON, JAVOTTE, DUTRANCHET, *travaillant dans son échoppe.*

FANCHON, *criant.*

Harengs frais, harengs nouveaux...

JAVOTTE, *criant.*

Marons boulus, marons boulus...

DUTRANCHET, *travaillant.*

Air : *N' faut pas heurter.*

Bergères fuyez tous l'z'amans.

FANCHON, *criant.*

I glacent, i glacent, i glacent.

DUTRANCHET, *continuant.*

Trop babillans, sautillans, frétillans,
Avec Lubin l'aut' jour Colette
En dansant, tomba sur l'herbette...
Fillettes (*bis.*) n'faut pas (*bis.*) danser,
N'faut pas danser, } *bis.*
Quand on est sujette à glisser... }

(*Regardant Fanchon et Javotte.*)

Les deux jolis p'tits brin d'filles !... pûs j'les regarde, et pûs j'les trouve à ma propice... Rien que d'les voir, ça me rend l'cœur...

JAVOTTE, *criant.*

Tout chaud, tout boulant...

DUTRANCHET, *continuant.*

Lubin devint z'entreprenant...

JAVOTTE, *criant.*

Ça brûle la poche, ça brûle la poche...

DUTRANCHET, *continuant.*

Et lestement, le méchant garnement
Profitant de cette disgrace,
Surprend Colette et puis l'embrasse...
Fillettes, etc.

Foi d'savetier, je n'savons à laquelle bâiller la préférence. . . .

FANCHON, *bas à Javotte.*

Dis-donc, Javotte, vois-tu comme i nous reluque l'voisin ?

JAVOTTE, *bas à Fanchon.*

Si je l'voyons ! m'est avis qui va nous dévorer des yeux !

FANCHON, *idem.*

C'est z'un fier galant, da ! i n'l'y en faut qu'deux à-la-fois ; c'tapendant, n'faut pas trop le rebuter, Javotte ; un savetier pour amoureux, c'est toujours bon pour la chaussure.

JAVOTTE, *idem.*

Pardine ! c'est ben malin, ces coups-là ; j'nous ferons ressemler *gratis* d'tems en tems.

DUTRANCHET.

Enfin l'fripon fit tant z'et tant,

FANCHON, *criant.*

Il arrive, il arrive, il arrive...

DUTRANCHET.

Qu'la pauvre enfant se r'levant en pleurant,
Vit qu'elle avait perdu qu'que chose,
Et qu'c'était justement sa rose...

FANCHON et JAVOTTE, *faisant chorus avec lui.*

Fillettes, etc.

FANCHON, *haut.*

Pas vrai, Javotte, qu'il a l'fil à chanter ça, not'voisin ?

JAVOTTE.

Comment donc ! mais c'est qu'il en détache d'la première volée.

DUTRANCHET.

Ah ! mam'zelle c'est z'un effet d'vot'part...

FANCHON.

Aussi i n'engendre pas d'mélancolie, l'papa Dutranchet ; toujours gai, toujours joyeux...

DUTRANCHET.

Quand j'vous voyons, mamzelle...

JAVOTTE.

Et galant donc ! vraîment, Fanchon, c'est qu'i n'a pas son pareil.

DUTRANCHET.

Ah ! mamz'elle...

FANCHON.

Mais ça doit z'être un bijoux près d'une femme, qu'un p'tit homme comm'ça !

DUTRANCHET.

C'n'est qu'une r'devance au vis à-vis du sesque, mam'zelle.

Air : *Et mais oui dà.*

Y a tant de gentillesse
Dans l'sesque féminin,
Qu'à li fair' politesse
Je m'sens toujours en train ;
Eh ! mais oui dà,
J'trouvons, ma foi, ben du plaisir à ça. (*bis*)

FANCHON.

Ben pensé ça...

Air : *des Ecosseuses.*

Car c'te philosophie,
Entendez-vous, voisin,
Fait l'honneur de la vie
Du sesque masculin.

JAVOTTE.

Sur c't'article-là vraiment,
Que d'hommes à présent,
Devraient ben v'nir étugnier,
Cheux l'galant savetier.

A propos d'philosophie, et ma pantouffle, y pensez-vous, père Dutranchet ?

DUTRANCHET.

C'est vous que j'tiens, mam'zelle Javotte ; en deux tems, vous allez avoir ça ; i n'faut plus qu'un p'tit coup d'polissoir pour y bâiller l'coup-d'œil... (*bas.*) Et puis fourer dedans un p'tit poulet d'ma tête que j'glisserai sous l'empeigne, sans qu'ça paraisse. (*haut.*) V'là qu'est fini, mam'zelle, faut i vous l'porter tout à c't heure ?

JAVOTTE.

Oui dà, voisin ; voyons ça tout d'suite

DUTRANCHET, *glissant le billet dans la pantoufle.*

(*bas.*) N'oublions pas l'pês pressé... (*allant à Javotte.*) T'nez, mam'zelle...

Air : Des fraises.

Examinez, s'il vous plait,
D'un œil physionomiste,
Comme c'travail est parfait ;
Car c'est à l'œuv' qu'on connaît
L'artiste, l'artiste, l'artiste.

(*Il lui remet la pantoufle.*)

JAVOTTE, *sortant de sa place.*

Cà m'paraît ben tapé...

DUTRANCHET.

Aux oiseaux, mam'zelle ; fourrez un peu la main sous l'empeigne, pour voir ben à fond tout l'fini de c't'ouvrage là.

JAVOTTE, *à part en trouvant la lettre.*

Tiens ! une lettre !... *motus*... (*haut.*) Ça tiendra-t-i longtems, pontife ?

DUTRANCHET.

J'vous en repasse mon billet, mam'zelle, c'est solide.

JAVOTTE.

J'm'en rapporte à vous, voisin, combien qu'i vous faut ?

DUTRANCHET.

Laissez donc, mam'zelle, ça s'trouvera z'avec aut' chose.

JAVOTTE.

A la bonne heure, je remonte à la chambre pour la serrer et l'essayer tout de suite, car j'sommes curieuse d'voir si ça fait ben chaussure à mon pied... Fanchon, prend garde à mon panier.

FANCHON.

C'est dit, Javotte, tu peux vanner ; vanne, vanne.

(*Javotte sort en faisant des signes à Fanchon.*)

SCENE II.

DUTRANCHET, FANCHON.

DUTRANCHET, *à part, rangeant ses outils.*

Ben réussi ! Elle est allé lire mon brinborion, et j'dis qu'ell' va l'trouver fier'n ent tourné !... l'avantage d'leux pratique m'procure la valiscence d'leux conter la fleurette d'tems en tems en cachette l'une d'l'autre... ça n'prend pas déjà trop mal... Elles et tout l'quartier m'croyons encore garçon.... Aussi, drès qu'j'aurai divorcé d'avec ma chienne d'femme qu'j'ons lâchée z'au pays exprès pour ça, y a gros qu'j'aurons bentôt bâillé sa place à l'une d'ces deux jolis p'tites mignatures là.

FANCHON, *à part.*

A présent qu'Javotte est partie, i n'va pas tarder à v'nir m'en conter, papa langeoleux...

DUTRANCHET.

En attendant, profitons du moment d'solitude où c'qu'est c'tell'-ci pour jaboter z'un tantinet avec elle... Pour entamer la conversation, faut commencer par li présenter c'bouquet d'éternelles. (*Il prend le bouquet dans un pot sur son établi.*)

FANCHON, *criant.*

Il arrive, il arrive, il arrive...

DUTRANCHET.

Air : *Ne v'là-t-il pas que j'aime.*

Man'zelle daignez accepter
C'bouquet sans conséquence,
Près d'vot' teint ces fleurs vont s'trouver
Z'en pays d'connaissance.

(*Il lui donne le bouquet.*)

FANCHON, *sortant de sa place.*

Un bouquet !... mais c'est pis qu'une noce ; grand-merci, père Dutranchet.

DUTRANCHET.

Allons donc, mam'zelle Fanchon, vous vous moquez ;... c'est si peu d'chose en comparaison d'vot'mérite... Eh ben, comme'va la vente ? Des yeux comm' ceux-là doivent ben attirer l'chaland.

FANCHON.

Pas trop vîte, voisin, l'argent n'vient guères, et la marchandise reste dans l'panier.

DUTRANCHET.

Ah! j'dis... y a marchandise et marchandise... j'en connaissons une dont vous vous déferiez ben aisément, si c'était tant seulement vot'bon plaisir...

FANCHON.

Et laquelle donc, s'il vous plait, bijou ?

DUTRANCHET.

Vous n'devinez pas ?...

Air : *du petit mot pour rire.*

Ces yeux fripons, c'rusé minois,
Où c'que l'amour en tapinois
A choisi sa cachette ;
C'te fraîcheur et tous ces appas,
Qu'on voit, ou ben qu'on ne voit pas,
J'en ferais ben (*bis.*) l'emplette.

FANCHON.

Allez, malin, j'vous voyons v'nir ; .. mais t'nez...

Air : *Du curé de Ponpone.*

Si c't'emplette là vous convient,
Z'entendez vous, compère,
Fanchon z'aujourd'hui vous préviens,
Sans feinte et sans mystère,
Ah !
Qu'ell' ne se fera,
Larira,
Que par-devant notaire.

DUTRANCHET.

C'est jusse, mamz'elle, c'est jusse... En tout bien tout z'honneur, et si j'osions... m'flatter... qu'à l'abri d'mon p'tit mérite... l'amour, sous vot' respect... puisse faufiler jusqu'à vot'cœur... la réciproque d'une ardeur...

FANCHON.

Eh ben ! v'la-t-i pas une déclaration ! pourquoi tant tourner z'autour du pot ?

DUTRANCHET.

Y a long-tems qu'mes soupirs vous l'onz insignifiée, p'tite insensible...

FANCHON.

Pas si insensible, voisin ; j'n'ons pas un cœur d'roc, et je n'sommes pas si tant éloignée du matrimoniom ; mais dame ! c'est qu'faut ben s'aimer dà ; pour en v'nir là !

DUTRANCHET.

Eh ben ! croyez, mamz'elle Fanchon, qu'ma flame est en état d'ça ; et la preuve, c'est que...

Air : *Souvent la nuit quand je sommeille.*

Souvent en coupant ma semelle,
Une empeigne ou ben un becquet,
Vos attraits m'brouillent la cervelle,
J'prends ma forme pour mon tranchet.
J'manquons tout un raccommodage,
Et mon esprit n'est plus à lui ;
Ah ! dites, vous même aujourd'hui,
Si l'on peut aimer davantage ?

FANCHON.

Si c'était vrai, ça serait z'un charme...

Air : *Va-t-en voir s'il viennent.*

Mais c'est ainsi qu'un galant
Souvent nous engeole ;
D'être amoureux et constant,
Il donne parole,
Va-t-en voir, etc.

DUTRANCHET.

Je n'suis pas d'ces galans là, mam'zelle Fanchon ; connaissez mieux Dutranchet ; faites son bonheur : il est zhomme à faire l'vôtre.

FANCHON.

C'n'est pas l'embarras ; j'vous croyons ben capable d'faire un bon ménage ; mais les amoureux d'aujourd'hui sont si volages !... qu'est-c'qui peut répondre d'leux constance, d'leux sincérité ?

DUTRANCHET, *avec emphase.*

Vos attraits, belle Fanchon, v'là mes vrais répondans.

FANCHON.

C'est i galant ! comment y résister ?... c'en est fait... déjà... j'sens... qu'mon cœur...

DUTRANCHET.

Eh ben ! vot'cœur ?...

FANCHON.

Est z'a vous, cher Dutranchet...

DUTRANCHET.

Il est z'a moi ! queux bonheur ! Ah ! chère Fanchon, j'vous r'passons l'mien z'en échange.

FANCHON.

J'le recevons.... Les p'tits présens entretiennent l'amitié ; mais jarni ! pas d'partage, au moins, j'nons pas trop d'un cœur à moi toute seule.

DUTRANCHET.

L'mien sera z'a vous tout entier, mon adorabe ; mais faut d'abord cimenter par quéqu'chose une si belle union...

FANCHON.

Eh ! comment donc ça, mon mignon ?

DUTRANCHET.

Air : *O ! ma Zélie.*

Pour appaiser le feu qui me devore,
Ce feu divin tout prêt z'a m'embraiser,
O ma Fanchon ! z'a l'amant qui t'adore,
Daigne accorder seulement z'un baiser.

FANCHON.

Vas, ne crains rien d'abandonner ton ame,
Aux doux transports que j'ai su t'inspirer ;
Viens, satisfais ton amoureuse flamme,
Fanchon n'a plus rien à te refuser.

DUTRANCHET.

Fanchon n'a plus rien à me refuser.

(*Dutranchet l'embasse.*)

S C E N E III.

JAVOTTE, DUTRANCHET, FANCHON.

JAVOTTE.

Eh ben ! n'vous gênez pas.

Air : *des Trembleurs.*

Non, je n'ai pas la berlue,
Jarni ! j'ai trop bonne vue,
[illegible] bien qu'il est, en pleine rue,
Donne un baiser à Fanchon !
D'amour il ose le traitre,
M'entretenir dans sa lettre,
Et puis après se permettre
Une telle trahison.

DUTRANCHET. *à part.*

Queux déchet !

FANCHON.

Eh ben ! qu'est' qu't'as donc toi z'avec ton air effaré ?

JAVOTTE.

C'que j'ai, c'que j'ai ?...

FANCHON.

Et oui, c'que tas, c'que tas ?

JAVOTTE.

L'poignet z'au bout du bras.

FANCHON.

Voyez-vous ça, mam'zelle l'embarras !

DUTRANCET, *à part.*

Tâchons d'rajuster ça... Allons, la paix, la paix ; c'est z'un mal entendu.

JAVOTTE.

En vérité, tondu ; j'voudrions ben savoir pourquoi qu'vous vous parlez d'si près ?

FANCHON.

Vois-tu ; ma poule, c'est qu'ça nous plait.

DUTRANCHET.

Mam'zelle Fanchon...

JAVOTTE.

Ca t'plait donc zitou, mon bijou, de t'laisser frotter l'museau ?

DUTRANCHET.

Mam'zelle Javotte...

FANCHON.

Et quand ça serait, mine à Calot ; n'faudrait-i pas t'en d'mander la permission ?

JAVOTTE.

Tout jusse ; je n'voulons pas qu'i jabotte avec des margots d'ta façon.

FANCHON.

Et pourquoi donc ça, trognon, est-c'qui t'appartient, c't'homme ?

JAVOTTE.

S'i m'appartient ; l'moigneau ; vraiment, je l'croyons ben, pis qu'c'est mon amoureux.

FANCHON.

T'en a menti, ma mie, car c'est l'mien...

DUTRANCHET, *à part.*

Aih! aih! aih! v'là l'décompte!

JAVOTTE.

Y a déjà huit jours que j'y ai bâillé mon cœur.

FANCHON.

Y en a pûs de dix qu'i m'a lâché l'sien.

DUTRANCHET, *à part.*

C'que c'est qu'd'avoir trop d'mérite!

JAVOTTE.

Et v'là z'encore ún billet doux de c'matin où c'qui m'répète l'assurance d'sa flamme.

FANCHON.

Et tout-à-l'heure encore, i m'soufflait son ardeur dans l'timpan d'l'oreille; l'un vaut ben l'aut' j'crois.

DUTRANCHET, *à part.*

Comment m't'irer d'là?

JAVOTTE.

C'est i ben possibe! L'parfide nous trompe donc toutes deux?

FANCHON.

I veut donc z'abuser d'not' innocence?

DUTRANCHET.

N'y a pas d'malice d'ma part dans tout ça, foi d'honnête savetier; vous m'avez toutes deux donné dans l'œil, c'est vrai, et mon cœur, partagé z'entre vos charmes...

JAVOTTE, *feignant de pleurer.*

Air : *Il était une fille.*

Que je suis malheureuse!

DUTRANCHET, *bas à Javotte.*

C'est vous qu'j'aimions la mieux.
Javotte, essuyez vos beaux yeux.

FANCHON.

O destinée z'affreuse.

DUTRANCHET, *bas à Fanchon.*

J'préférons vos appas,
N'vous désespérez pas.

JAVOTTE et FANCHON.

Ah!

DUTRANCHET.

Mam'zelle Javotte, mam'zelle Fanchon, vos soupirs, vos larmes, ça m'fend l'cœur... y a moyen d'arranger c't'affaire, et t'nez...

FANCHON, *le saisissant au collet.*

Air : *Ciel l'Univers.*

Non je n'pouvons digérer cet outrage...

JAVOTTE, *idem.*

J'veux de ma main venger ces attentats..

FANCHON, *le tirant à elle.*

Z'amant parfide et volage,
Tu ne m'échapperas pas...

JAVOTTE, *idem.*

Viens rendre hommage
A mes appas...

DUTRANCHET.

Appaisez vot' courroux,
Je vous en prie,
Je vous supplie
Point d'jalousie,
De grace, entendons-nous.

FANCHON.

Qu'est'qu'tu veux qu'j'entendions, monstre, après ta parfidie ?

JAVOTTE.

Queuqu'nouvelle tromperie, n'est-c'-pas ? queuqu'aut'e bamboche d'ta façon ?

DUTRANCHET.

Ecoutez-moi tant seulement...

FANCHON.

Faut qu'tu renonces à Javotte.

JAVOTTE.

Faut qu'tu renonces à Fanchon.

DUTRANCHET.

Vous êtes toutes deux ben gentilles...

FANCHON.

Es toi ben scélérat.

JAVOTTE.

C'est vrai.

DUTRANCHET.

Vous m'aimez toutes deux.

JAVOTTE et FANCHON.

A la rage.

DUTRANCHET.

J'n'en peux épouser qu'une pourtant.

JAVOTTE et FANCHON.

Çà sera moi...

DUTRANCHET.

Toutes deux ? pas possibe ; mais t'nez, pour la définition d'ça, j'imagine un estratagême qui nous mettra p't'être tous trois d'accord.

FANCHON.

Voyons donc c'bel avisoir.

JAVOTTE.

J'te donne la porole.

DUTRANCHET.

Air : *de la bonne aventure.*

La dispute et le courroux
Ne font rien qui vaille ;
Il est z'un moyen plus doux
D'finir la bataille ;
Mon avis est qu'à l'instant,
J'décidions notre différend
A la courte-paille, ô gué,
A la courte-paille.

FANCHON.

A la courte-paille ! qu'en dis-tu, Javotte ?

JAVOTTE.

Et toi, Fanchon ?

FANCHON.

Ma fine, j'pensons qu'son estratagème n'est pas si bête.

JAVOTTE

Mais vraîment non...

DUTRANCHET.

Eh ben ! ça va-t-i ?

FANCHON.

Ca va.

JAVOTTE.

Au p'tit bonheur.

DUTRANCHET.

V'là c'qui s'appelle d'la raison... mais avant tout...

Air : *Du haut en bas.*

Jurons, jurons
Qu'à la volonté a'la volonté,
Mes chers tendrons,
Tous trois nous nous en rapportons ;
Et qu'l'une et l'autre sans rancune,
Vous subirez la loi commune...

JAVOTTE et FANCHON, *levant la main sur le bonnet de Dutranchet.*

Nous le jurons.

DUTRANCHET.

C'est dit... à c't'heure commençons... (*il ramasse une paille.*) V'là qu'est fait... n'y a pas d'tricherie... c'est la plus courte qui m'aura.

Air : *Je n'saurais danser.*

Dépêchez-vous donc.

JAVOTTE.

J'n'osons toucher la première...

DUTRANCHET.

Allons, pas d'façon...

FANCHON.

J'craignons d'avoir guignon.

JAVOTTE.

Eh ben ! j'prends c'tel-là,
Pour finir vite c't'affaire.

FANCHON.

Moi c'tel-ci... la v'là !
C'est moi qu'il épousera.

Queux plaisir, queux joie, queux contentement ! cher Dutranchet, mon raton, te v'là donc mon p'tit homme !

JAVOTTE.

J'en étais sûre quasi ! c'est comme à la loterie, je n'pouvons jamais attrapper la quine.

DUTRANCHET.

Consolez-vous, mam'zelle Javotte ; vous faites une perte, c'est vrai, mais elle n'est pas irréparabe, et vous n'serez pas long-tems sans rencontrer queuqu'luron d'mon étoffe. En attendant, j'continuerons d'vous galantiser, pour vous faire trouver l'tems moins long.

FANCHON.

Eh ! que nenni, mon futur, j'n'approuvons pas c't'arrangement là.

DUTRANCHET, *à Fanchon.*

Laissez-donc ; c'n'est qu'une p'titte consolation en manière d'politesse.

JAVOTTE.

C'est ben dûr, quoiqu'ça, d'perdre un amant à la courte-paille.

DUTRANCHET.

L'hasard a décidé, n'y pensons plus... T'nez, pour chasser tous les regrets, nous ramicher tous trois, et ben nous divertir, j'sommes d'avis d'vous régaler d'un p'tit dîner d'sans-façon, là, au bon coin, cheux l'père Laripopée...

FANCHON.

Pas si mal imaginé ; qu'en dis-tu Javotte... en seras-tu ?

JAVOTTE.

Pourquoi pas ? quand i s'agit d'un gueuleton, je n'me faisons jamais tirer l'oreille.

DUTRANCHET.

Ben répondu ça !... Et puis après pour finir gaîment la journée, j'irons danser ensemble un rigodon z'à Paphos... Et puis dans qu'euqu'jours la noce.

FANCHON.

A Paphos, Javotte, à Paphos !...

JAVOTTE.

Qu'euque c'est qu'ça ! Paphos ?

DUTRANCHET.

C'est c't'endroit sur l'boulevert, ouc-qu'i y a des lampions jaunes, des lampions verds, et ouc-qu'on entre avec des échaudés pour quinze sous.

JAVOTTE.

Vas comme il est dit... mon parti z'est pris... un d'perdu, cent de retrouvés, et puis l'désespoir n'mène à rien.

Air : *Ran tan plan tire lire.*

Ma foi vive l'enjouement...

TOUS.

En plein, plan,
Ran tan plan
Tire lire en plan.

JAVOTTE.

Et nargue, dès cet instant,

A l'amoureux martyre,
L'chagrin z'est un délire.

TOUS.

Ran tan plan tire lire.

JAVOTTE.

Je ne manquerons pas d'amant.

TOUS.

En plein, plan,
Ran tan plan.
Tire lire en plan.

JAVOTTE.

Mais j'voulons, en attendant,
Boire, chanter et rire.

TOUS.

Oui, j'voulons, en attendant,
Boire, chanter et rire.

DUTRANCHET.

Ben imaginé, mam'zelle Javotte, n'y a pas d'meilleur recette... Mais n'perdons pas de tems... allez vous en détaler toutes deux, quitter vos tabliers, mettre un œil de poudre et vous requinquer z'un peu : moi, d'mon côté, j'vais courir à mes p'tites affaires, aller z'en recette, passer z'un habit, commander l'fricot, et puis après j'irai vous prendre pour vous conduire au cabaret et nous mettre à table.

FANCHON, *allant à son panier.*

Comme vous dites... j'vous attendons...

JAVOTTE, *allant à son chaudron.*

Trimez ben vîte, et revenez d'même.

DUTRANCHET.

C'est l'histoire d'un coup-d'pied... (*allant à son échoppe.*) Sac à papier! je n'men suis pas mal tiré... avisons à c't'heure à nous fournir d'noyaux pour payer la régalade... V'là d'l'ouvrage prêt z'à livrer qu'j'allons reporter tout de suite; ça m'procurera ben sûrement de d'quoi suffire à la dépense.... (*Il fait un paquet.*) Sans adieu, mesd'moiselles, dans un clin-d'œil j's uis à vous.

FANCHON, *d'un air tendre.*

N'soyez pas long-tems, cher Dutranchet, j'languirions par trop en vot' absence.

DUTRANCHET, *idem.*

L'amour, chère Fanchon, m'ramènera bientôt z'aux pieds d'vos charmes. *(il lui baise la main et sort.)*

SCENE IV.

FANCHON, JAVOTTE.

FANCHON, *riant.*

Ah! ah! ah! qu'il est donc farce, not' savetier... Ah! ah! ah! comme il y va d'son tout, Javotte, ah! ah! ah!

JAVOTTE.

Ah! ah! ah! c'est qui prend tout au sérieux l'cher homme, i croit vraîment que j'l'adorons, que j'l'idolâtrons.

FANCHON.

Eh ben! vois-tu, Javotte, v'là pourtant comme sont tous les galans d'aujourd'hui.

Air: *Femmes, voulez-vous éprouver.*

Aussitôt qu'en roulant les yeux,
Ils vous ont dit un, JE VOUS AIME,
V'là qu'i croyons les biaux messieux,
Que j'devons les aimer d'même.

JAVOTTE.

C'est q'ben des beautés sans façon,
Près d'qui leux réussite est sûre,
Leux donnent trop souvent le nom
D'enfans gâtés de la nature.

FANCHON.

Aussi quand j'en tenons queuqu'zun de c't'acabit-là, j'ons ben raison de l'scier d'la bonne façon.

JAVOTTE.

C'est z'un prêté pour un rendu; j'y allons toujours écornifler z'un bon dîner.

FANCHON.

Et j'espérons ben qu'ça n'sera pas l'dernier, dà; l'mignon z'est en trop beau chemin pour s'en tenir là.

JAVOTTE.

Sûrement, et j'saurons l'faire aller grand train... Mais, dis donc, Fanchon, et nos amoureux Jérôme et Thomas, s'ils allions savoir ça?

FANCHON.

Eh ben! qu'est-c'qu'en arriverait ?

JAVOTTE.

I s'fâcherons, p't'être ?

FANCHON.

Qu'i s'fâchent s'i veulent, tant pis pour leux yeux... t'es bonne-là, toi, est-c'que ça t'inquiète.

JAVOTTE.

Dame! tu sais ben que j'leux avons promis d'les épouser, drès qu'ils aurions amassé, dans leux état, d'quoi monter z'un ménage.

FANCHON.

C'est vrai; j'leux ons promis, et j'sommes dans l'cas d'leux tenir parole; mais, en attendant, faut-i qu'des jeunesses comme nous renoncions aux agrémens d'la société? Eh! que nenni... C'est tout c'que j'pourrions faire si j'étions leux femmes... et puis, tiens, Javotte, n'y a pas d'mal de tenir leux amours en haleine par un p'tit grain d'jalousie.

Air : *L'amour est un enfant trompeur.*

L'amour heureux et sans soucis
Ou que rien ne réveille,
Au milieu des jeux et des ris
S'engourdit et sommeille;
Mais à c'dieu, soit dit entre nous,
L'plus léger sentiment jaloux
Met la puce à l'oreille.

JAVOTTE.

J'crois qu't'as raison.

FANCHON.

A propos, qu'est-c'qu'c'est donc que c'te lettre qu'i t'a z'écrite, l'damoiseau ?

JAVOTTE, *tirant la lettre de son tablier.*

Une lettre superbe!... tiens, la v'là... i m'la coulée dans ma pantoufle d'tantôt...

FANCHON.

Quelle invention! lisons la donc, pour voir... y doit y avoir dedans ben des belles choses... ça vaut-i ben c'bouquet qui m'a baillé ?

JAVOTTE.

C'n'est pas l'embarras... j'la trouvons d'un verbiage assez gentiment tapé... Ecoute. (*Elle déploie la lettre.*)

SCENE IV.

THOMAS et JEROME *entrent furtivement ;*
FANCHON, JAVOTTE.

JÉRÔME, *bas à Thomas.*

Les v'là toutes deux... quoi qu'ell' tiennent donc dans leux mains ?

THOMAS, *bas à Jérôme.*

M'est avis qu'c'est z'un papier en manière d'lettre..... écoutons.

JAVOTTE, *lisant.*

« Mam'zelle, j'prenons la licence d'vous tracer ces lignes,
» pour vous faire à savoir de vive-voix, qu'du depuis qu'vous
» m'avez baillé vot' cœur, mon amour grandit tous les jours
» à vue d'œil...

JÉRÔME, *bas.*

Une lettre d'amour... les parfides !

THOMAS.

Les traîtresses !

JAVOTTE, *continuant.*

« I m'tarde ben, pour m'enchaîner z'à vos appas, qu'mes
» affaires d'famille soyons terminées.

FANCHON.

Des affaires d'famille ! c'est sérieux dà ! quoi qu'c'est donc qu'ces affaires-là ?

JAVOTTE.

Queuqu'héritance, p'tètre... Continuons... « En atten-
» dant, je n'cessons d'penser z'à vos charmes, vot'image
» m'poursuit partout ; j'la voyons l'jour, la nuit, à l'échoppe,
» au cabaret, dans mes outils, et jusques dans mes pantoufles
» avec lesquelles je suis vot'sincère et fidèle amant... »

JÉRÔME.

Air : *Ah ! mon dieu, que je l'ai échappé belle.*

Jour de dieu ! doubles triples coquettes !
Sans nulle façon,
Vous lisez donc
Des amourettes !

THOMAS.

Puis après, scélérates qu'vous êtes,

Vous v'nez à not'nez,
Nous chanter qu'vous nous perferez !

FANCHON.

Air : *La faridondaine.*

Bon dieu ! queux transports furieux,
Queux chienne de colère !

JAVOTTE.

N'diroit-on pas qui vont tous deux
Nous cracher le tonnerre !

TOUTES DEUX.

Qu'ils ont bon air, bonne façon,
La faridondaine, la faridondon,
Vraiment j'en avons peur aussi, béribi,
Y a la façon de barbari, mon ami.

THOMAS.

N'y a pas d'béribi qui tienne, faut nous dégoiser tout à c't'heure quel est l'impertinent qu'à barbouillé tout c'griffonnage là ?

JÉRÔME.

A laquelle d'vous deux il est z'adressé.

FANCHON.

En vérité, faraut manqué, c'est-i ben pressé ?...

THOMAS.

Allons pus vîte qu'ça...

JÉRÔME.

Faut parler d'autorité.

JAVOTTE.

N'faites donc pas tant briller vos yeux, méchant ; on les prendrait quasi pour des quinquets allumés.

Air : *V'là donc qui est bâclé.*

Vas donc chercher z'un panier
Que j'leux rendions compt' sur l'anse,
Par francs, centime et deniers,
De queux manièr' que not' chat danse...

FANCHON.

I n'ont qu'à nous laisser leux adresse...

Achevant l'air.

J'leux frons savoir tout ça demain
Par le cousin germain d'not'chien... (*bis.*)

JÉROME.

Pas tant d'lantiponnage... c'te lettre, ça vient d'queuq'amoureux, je l'savons...

JAVOTTE.

C'est vrai, mon poulet ; pourquoi l'demander puis qu'vous l'savez ?

THOMAS.

Ingrates ! v'là donc la récompense d'not' ardeur ?

JÉRÔME.

Après c'que vous nous aviez promis, queux trahison au vis-à-vis d'deux jeun'hommes qui y allaient d'si bonne foi.

FANCHON.

Queux dommage ! en attendant, vous allez nous rendre not'lettre, j'espère...

JÉRÔME.

Non, mordienne ! je n'la rendrons pas.

THOMAS.

J'la gardons comme un témoignage d'vot' parfidie.

JAVOTTE.

Gardez, gardez ; j'aimons encore mieux qu'vous teniez la lettre, que c'tilà qui la z'écrite.

JÉRÔME.

Vous êtes ben heureuse qu'je n'savons pas lire ?

Air : *Y à coups d'pied, y à coups d'poing.*

Jarni ! si j'pouvions tant seul'ment
Déchiffrer l'nom de c'lian galant,
Y aisément cela se peut croire ;
J'irions le trouver tous les deux,
Et puis dans l'instant à vos yeux...

FANCHON.

Eh ben ! dragon, quoiqu'vous li diriez ?

JAVOTTE.

Quoiqu'vous li feriez ?

JÉRÔME et THOMAS.

J'veux êtr'un chien,
Y à coups d'pied, y à coups d'poind,
J'li cassons la gueule et la mâchoire.

FANCHON.

Pas possibe ! en c'cas, j'nous garderons ben d'vous l'apprendre ; ça serait trop l'exposer ; j'n'avons qu'lui seul à nous deux, et c'est z'un bijou que j'sommes ben aises d'conserver.

JAVOTTE.

Sans doute ; un galant qu'a l'fil et qui prend ben ses mesures.

FANCHON.

Homme de poix, amoureux dans les formes.

JAVOTTE.

Qui n'parle que d'réjouissances, que d'nôces et d'festins.

FANCHON.

Qui nous adore toutes les deux.

JAVOTTE.

Qui nous régale aujourd'hui d'un dîner costumé !

FANCHON.

Et puis après d'une promenade à Paphos, pour faire la digession...

JAVOTTE.

C'est y gentil, tout ça... Mais à propos, Fanchon, il est tems d'nous aller mettre à not'toilette...

FANCHON.

T'as raison... l'heure du rendez-vous approche, et j'navons pas une minute à perdre.

JAVOTTE.

Eh ! vîte, détalons; prend ton panier, moi, mon chaudron, et courons tout d'suite nous requinquer.

Air : *Allez-vous-en, gens de la noce.*

Allons-nous en vîte, commère,
Allons-nous en z'au rendez-vous.

FANCHON.

Laissons passer la colère
De nos deux pauvres jaloux.

TOUTES DEUX.

Dépêchons-nous,
Dépêchons-nous,
Allons nous en, etc.

(*Elles vont détaler et sortent en chantant.*)

SCENE VI.

THOMAS, JEROME.

THOMAS.

Eh ben ! Jérôme ?

JÉRÔME.

Eh ben ! Thomas ?

THOMAS.

As-tu jamais vu deux femelles pus malignes qu'ces deux péronelles-là ?

JÉRÔME.

J'en sommes tout stupéfait.

THOMAS.

J'ons un rival, c'est clair ; reste à savoir l'quel d'nous deux ?

JÉRÔME.

Et chacun l'nôte p't'être, quoique j'n'ayons surpris qu'une lettre.

THOMAS.

C'est ben possibe.

Air : *Jupiter un jour en fureur.*

J'ons peine à r'tenir ma fureur !
Mordié ! qu'les femmes sont traitresse !....
Le diable emporte les maîtresses,
L'amour avec sa belle ardeur.

JÉRÔME.

Çà nous prouve ben, comm'dit c't'autre,
Que l'créateur du genre humain
Fit le sesque féminin } *bis.*
Pour éprouver le nôtre. }

La v'là c'te chienne d'lettre !...

THOMAS.

J'la voyons ben.

JÉRÔME.

Y connais-tu qu'euque chose ?

THOMAS.

Du blanc z'et du noir.

JÉRÔME.

C'est tout comme moi... Sarpedié ! qu'on est donc embarrassé quand on n'sait ni A ni B !

THOMAS.

T'as empoigné trop vîte l'papier, aussi ; fallait z'au moins attendre qu'elles aient nommé la signature du nom ; j'saurions maint'nant z'à quoi nous en t'nir.

JÉRÔME.

C'est vrai ; mais j'nons pas été maître d'mon indignation.

THOMAS.

Y a z'un moyen, c'tapendant ; j'nons qu'à nous faire déchiffrer ça par un queuqz'un qu'ait z'été z'à l'école.

JÉRÔME.

T'as mordié raison !... Faut aviser tout d'suite à dénicher deux yeux plus savans qu'les nôtres.

SCENE VII.

Mad. DUTRANCHET, *portant une clayère d'huitres ;* JÉROME, THOMAS.

Mad. DUTRANCHET, *criant.*

Huitres à l'écaillé, à l'écaillé...... A la barque, à la barque.....

THOMAS.

Tiens, v'là z'une femme qui tumbe ici tout exprès pour çà... Eh ! la marchande...

Mad. DUTRANCHET.

Quoiqu'i vous faut, mes enfans ? Une belle douzaine d'huîtres bonnes et pas chères. Etrennez-moi.

JÉRÔME, *à Thomas.*

Dis donc, Thomas, v'là z'une figure d'femme qui ressemble furieusement à la fille du garçon d'l'auberge d'cheux nous !....

THOMAS, *l'examinant.*

C'est elle, ou l'diable m'estringolle !

Mad DUTRANCHET, *idem.*

Mais pus j'vous regarde, mes bons amis, et pus j'crois vous avoir vus queuqu'part...

JÉROME.

Je n'ous trompons pas ; vous êtes la brave Nicole, fille d'Cristophe, des *Trois Moineaux*, à Montigny.

Mad DUTRANCHET.

Et vous, l'fils et l'neveu du père Eustache, l'terrassier du même endroit ?

JÉRÔME et THOMAS.

Tout jusse, payse ; embrassons-nous.

THOMAS.

Que j'sommes charmés d'vot revoyance !

JÉRÔME.

C'est z'une satisfaction à laquelle je n'nous attendions guères.

Mad. DUTRANCHET.

Moi d'même, mes enfans ; . . . y a-t-i long-tems qu'vous êtes à Paris ?

JÉRÔME.

Dud'puis qu'j'ons quitté l'pays : v'là z'un an bentôt... et vous, Nicole ?

Mad. DUTRANCHET.

Y aura d'main huit jours, et j'n'y serions p't'être jamais venue, sans un avénement ben malheureux pour moi.

THOMAS.

Et quel avénement donc, bonne Nicole ?

Mad. DUTRANCHET.

D'abord, je n'm'appellons pus Nicole.

JÉRÔME.

J'entendons : vous êtes mariée.

Mad. DUTRANCHET.

Hélas ! oui, mes amis, pour mes péchés. Y a trois mois tout-à-l'heure qu'j'ons eu la sottise d'troquer mon nom contre c'tilà d'un mauvais sujet d'not' endroit, cordonnier z'en vieux d'son état, dont l'jargon, la tournure et les promesses m'avions donné dans l'œil.

THOMAS.

Eh ben ?

Mad. DUTRANCHET.

Hé ben ! mes enfans...

Air : *D'aignez m'épargner le reste.*

A peine fut-il mon époux,
Qu'négligeant travail et ménage,
Buvant, donnant des rendez-vous
A chaqu'fille du voisinage ;
Après avoir grugé d'mon bien,
Trois-quarts au moins, je vous proteste,
L'traitre s'en fut un beau matin...
En m'emportant tout le reste. } *bis.*

JÉRÔME.

L'tour est chien, par exempe.... et y a-t-i long-tems d'ça.

Mad. DUTRANCHET.

Bentôt quinze jours. Quand j'ons vu ça, l'ennui m'a pris, l'chagrin m'a gagné, la faim m'a chassé, j'ons quitté l'pays, et je m'sommes décidée à venir à Paris, où c'que j'trime tant qu'la journée dure avec c'te clayère qu'vous voyez, et qu'est tout mon avoir.

THOMAS.

Et vous n'savez pas c'qu'il est devenu, vot' heume.

Mad. DUTRANCHET.

Ded'puis son échappé, j'nen ont pu avoir ni vent ni nouvelle.

JÉRÔME.

Tant mieux, mordienne, tant mieux, m'est avis qu'c'est c'quipeut vous arriver d'pus heureux.

Mad. DUTRANCHET.

Hélas ! je n'le savons qu'trop; mais c'cœur dont on n'est pas maître... et puis l'habitude... L'célérat, malgré tous ses torts, je n'pouvons m'empêcher d'le regretter, d'l'aimer.... Ah ! si mon bon ange voulait qu'il fut z'itou dans c'pays-ci, et que j'ly rencontrissions nez-à-nez.... qu'j'aurions d'plaisir à li tortiller l'cou !

JÉRÔME.

Vraiment, i n'serait pas impossible qu'l'hasard vous procuris c'te p'tite réjouissance-là...

Mad. DUTRANCHET.

Laissez faire... i n'sera p't'être pas toujours invisible... je le dénicherons p'tête une bonne fois...

Air : *tambour battant.*

Quand i s'rait au bout la terre,
J'ons résolu de l'découvrir ;
Contre lui j'sentons qu'ma colère
N'peut déjà plus se contenir ;
A ses dépens faut qu'il aprenne
Qu'on n'm'offense pas impunément, r'li, r'lan,
Et puis alors je vous le mène,
R'lan, r'lan tan plan,
Tambour battant.

THOMAS.

Et vous ferez ben ; ah ! jarnidié, j'crois qu'vot' présence l'ferait rudement rentrer z'en lui-même.

JÉRÔME.

Vous êtes ben à plaindre, faut en convenir; mais t'nez, j'pouvons nous donner la main, car je n'le sommes pas moins qu'vous dans c'quart-d'heure-ci.

THOMAS.

C'est ben la vérité.

Mad. DUTRANCHET.

Et comment donc çà, mes amis ?

JÉRÔME.

J'courtisions chacun une jeunesse ben appétissante; lui, Javotte, et moi, Fanchon.

THOMAS.

Qui nous avait promis foi d'mariage.

Mad. DUTRANCHET.

Eh ben, qu'est c'qu'est arrivé ?

JÉRÔME.

Air : *Accompagné de plusieurs autres.*

Ell' z'on fait queuqu'autre amoureux,
Et pour mieux répondre à ses feux,
Les marques dédaignent les nôtres.

THOMAS.

Il leux est, soit disant, commun,
Mais j'pensons qu'elles n'en ont qu'un,
Y accompagné de plusieurs autres.

Mad. DUTRANCHET.

Et comment avez-vous découvert c'te manigance-là ?

JÉRÔME.

Par c'te lettre qu'j'ons surprise entre leux mains.

THOMAS.

Et qu'elles lisions avec ben d'la joie.

JÉROME.

J'voudrions ben en faire autant, à seul fin d'savoir l'nom de c'biau galant; mais malheureusement, c'est qu'je n'savons lire ni l'un ni l'autre dans l'écriture.

Mad. DUTRANCHET.

Eh ben, mes amis, moi j'y lisons assez courammment, et c'est un service que j'pouvons vous rendre si vous l'désirez.

THOMAS.

Vraiment, je n'demandons pas mieux, et j'vous aurons ben d'la redevance.

JÉRÔME.

Ben volontiers. (*montrant la lettre...*) T'nez, comment qu'il y a là d'abord ?

Mad. DUTRANCHET, *lisant.*

« *A mam'zelle, mam'zelle Javotte, demeurant à Paris.* »

THOMAS.

C'est la mienne, Jérôme !... C'est moi qui la gobe.

JÉRÔME.

Y en avait p't'être autant pour Fanchon ; n'importe, passons au nom d'la signature.

Mad. DUTRANCHET, *lisant.*

« Jean-Eustache-Nicolas Dutranchet. » Ciel c'est lui !

(*Elle chancelle et s'appuie sur Jérôme et Thomas* .

JÉRÔME et THOMAS.

Qui donc, lui ?

Mad. DUTRANCHET.

L'monstre que j'cherche d'puis quinze jours, l'auteur d'mes tourmens, l'parfide Dutranchet! enfin mon traître de mari.! . . .

JÉRÔME et THOMAS.

Pas possibe !

THOMAS.

Comment, c'est l'père Dutranchet qu'est vot' homme ?

JÉRÔME.

Et c'est lui qui voulait nous couper l'herbe sous l'pied ?

Mad. DUTRANCHET.

Lui-même, mes enfans, je reconnais ben sa signature.... *Jean-Euctache-Nicolas :* v'là ben les trois mêmes noms qu'il a couchés sur l'contrat, la surveille d'not' mariage.

THOMAS.

Foi d'homme, je n'pus serions jamais douté de stilà.

JÉRÔME.

Tant mieux, mordienne ! tant mieux, triple vengeance à tirer d'li.... J'naurons pas d'peine à l'dénicher, car v'là son ratelier.

Mad. DUTRANCHET.

Bon ! j'entre tout d'suite pour l'dévisager.

THOMAS, *l'arrêtant.*

Tout beau, tout beau, la maman, en douceur s'il vous

plait... j'ons ben d'autres mesures à prendre avant que d'commencer la danse.

JÉRÔME.

Et puis c'est qu'il est en absence, pour l'moment, car j'lons rencontré, en v'nant ici, qu'allait reporter d'l'ouvrage à ses pratiques, dans un paquet.

THOMAS.

Et puis faut qu'vous sachiez que j'savons qui doit aujourd'hui régaler nos donzelles d'un p'tit dîner z'en tête-à-tête.

Mad. DUTRANCHET.

Toujours le même : le libertinage et la ribotte !

JÉRÔME.

Faut d'abord nous mettre aux aguets pour savoir où s'fait l'fricot, et puis, quand je l'tiendrons sous nos serres, j'ouvrirons l'bal.

THOMAS.

Et j'travaillerons d'la bonne manière. Mais chut... j'entends queuqu'z'un... C'est précisément lui qui revient à son échoppe.

Mad. DUTRANCHET.

Ah ! laissez-moi tant seulement aller l'y arracher les deux yeux.

JÉRÔME, *l'arrêtant.*

Tout doux, tout doux, pas trop d'précipitation... Entrons dans ce cabaret... j'l'examinerons par la fenêtre, en vuidant vot' clayère et buvant chopine, et j'aviserons tout à not' aise à lui servir un plat d'not' métier.

(*Il entre au cabaret avec madame Dutranchet et Thomas.*)

SCENE VIII.

DUTRANCHET, *seul.*

Triple empeigne ! qu'j'ons d'guignons !.... sur neuf francs de remontures, n'en avoir pu accrocher qu'trois tout en

Air : *des portraits à la mode.*

L'bourgeois jadis, toujours satisfaisant,
Plus libéral, tenait moins à l'argent,

Et renvoyait l'ouvrier plus contant,
C'était une bonne méthode.
Mais aujourd'hui l'usage est différent;
Ce sont toujours promesses qu'en courant,
On fait passer pour de l'argent comptant,
Enfin, payer n'est plus de mode.

Trois francs pour une partie fine! j'n'aurions pas été longtems à tabe.... Aussi, j'ons pris l'parti d'aller chez l'vieux Durillon, prêteur à'la p'tite semaine, emprunter d'quoi completter c'te pièce d'six francs... A présent qu'me v'là z'en état d'faire face à la dépense, allons ben vîte passer not' habit d'cérémonie, pour aller chercher mes deux objets et leux donner l'bras...

(*Ici, il va prendre dans son échoppe un habit, une perruque, un morceau de miroir, etc... et fait sur la scène une toilette ridicule.*)

(*Se regardant...*) Hum.... C'est drôle pourtant, comme l'costume vous rapproprie tout d'suite un homme... faut convenir aussi. .

Air : *de Joconde.*

Qu'c'est ma foi ben imaginé
Que l'art de la toilette.
Aujourd'hui l'homme n'est jugé
Que d'après sa toillette.
Aussi, comben de suffisans,
Brillans par leux toillette,
Ne serait que de triste geus
Sans leux belle toillette.

V'là toujours la mienne finie... Maint'nant, allons vîte commander la régalade; l'heure avance, et n'faut pas manquer not' rendez-vous... (*Il va frapper au cabaret.*) Hòla... eh... la maison...

SCENE IX.

JEROME, THOMAS; Madame DUTRANCHET, *paraissant à la fenêtre du cabaret;* LARIPOPÉE, DUTRANCHET.

Mad. DUTRANCHET, *appercevant son mari.*
C'est ben lui-même, l'double chien...

JÉRÔME, *bas.*

Chut... j'sommes des bons... c'est ici que s'fait l'fricot !...

LARIPOPÉE.

Ah ! ah ! c'est vous, voisin ; qu'est-c'qu'il faut pour votre service ?

DUTRANCHET.

Toute vot' cuisine et vot' cave, père Laripopée.

LARIPOPÉE.

Diable ! vous traitez donc aujourd'hui tout l'quartier ?

DUTRANCHET.

Pas tout-à-fait .. Mais c'en est ben toujours les deux pus jolis p'tits minois ! ! . . .

LARIPOPÉE.

Toujours galant, voisin, toujours galant... Je vous reconnais bien là.

DUTRANCHET.

C'est mon faible, père Laripopée, c'est mon faible... J'ai toujours été de d'même ; et dans l'tems que j'faisais la cour à ma femme....

LARIPOPÉE.

A votre femme ! je vous croyais garçon... Vous êtes donc marié ?

DUTRANCHET, *à part.*

Imbécille ! v'là-t-i pas qu'sans y penser j'ons trahi mon secret... Tâchons d'raccommoder ça... (*haut.*) Je n'le suis plus, dieu merci ! je n'le suis plus...

LARIPOPÉE.

J'entends ; vous êtes veuf ?

DUTRANCHET.

Oui, grace au ciel, v'là plus d'un an qu'ma défunte est trépassée pour son repos et pour le mien.

Mad. DUTRANCHET.

Moi défunte ! laissez-moi lui jeter c'te pinte à la tête pour l'démentir. (*Elle saisit une pinte, Jérôme et Thomas l'arrêtent.*)

LARIPOPÉE.

Il paraît que votre moitié n'était pas la meilleure pièce de votre ménage.

DUTRANCHET.

N'men parlez pas, père Laripopée, c'était ben la plus mauvaise carogne qu'Lucifer eût fabriqué dans tout l'pays.

Mad. DUTRANCHET.

L'impertinent !

DUTRANCHET.

Méchante, acariâtre, curieuse, pleureuse, hargneuse, enfin un vrai démon ; et j'ons ben des graces à rendre au diable d'l'avoir remportée dans son manoir.

Mad. DUTRANCHET.

Va, va, chnapan, tu m'payeras tous tes complimens....

LARIPOPÉE.

Et avez-vous hérité d'queuqu'chose à sa mort?

DUTRANCHET.

De rien du tout, à ça près de trois ou quatre mauvais casaquins dont j'ons eu toutes les peines du monde à m'défaire... La dépouille n'valait guère mieux qu'la bête.

Mad. DUTRANCHET.

L'coquin !... il a vendu mes casaquins.

DUTRANCHET.

Et son portrait donc. . . . personne n'en voulait . . . i faisait peur à tout l'monde, et sans l'cadre, qu'était tout neuf, j'aurions été obligé de l'brûler pour qui n'me fit plus mal aux yeux.

Mad. DUTRANCHET.

Il a vendu jusqu'à mon pauv' portrait !

LARIPOPÉE.

Ma foi ! je vous félicite de tout cela... Une méchante femme de moins, c'est un grand débarras... Aussi, moi, depuis mon veuvage, je n'ai jamais été tanté d'en reprendre une autre... Faites comme moi, papa Dutranchet.

Air : *Aussitot que la lumière.*

S'il vous prend jamais envie
De former nouveau lien,
Passez votre fantaisie
Près d'une pinte de vin.
Compagne toujours fidèle
Sans caprices, sans humeur,
L'homme ici bas trouve en elle
La source du vrai bonheur.

DUTRANCHET.

Vraiment, père Laripopée, une pinte de vin a son mérite ; mais une petite femme... ben gentille... ben ravigotante... dame !.... queuqu'fois... Mais parlons d'not' affaire... i s'agit d'nous apprêter un p'tit dîner bien étoffé pour trois personnes. Avec les belles, voyez-vous, n'faut pas lésiner ; ainsi voyons c'que vous avez d'meilleur à nous fricasser.

LARIPOPÉE, *lisant sa carte.*

Ecoutez...

Air : *de la soirée orageuse.*

Potage au riz, au vermichel,
Bœuf aux choux, langue en papillotte,
Veau piqué, chapon au gros sel,
Cotelette à la ravigotte,
Rognons, saucisses et boudins,
Blanquette, gigot à la braise,
Enfin quatre sortes de vins :
Voisin, choisissez à votre aise.

DUTRANCHET.

Comme i n'y a rien dans tout ça qui n'soit d'mon goût, père Laripopée, j'vous laissons l'maître d'nous servir tout c'que bon vous semblera, jusqu'à la définition de c'grain d'six balles que j'vous baillons en avance... Donnez-nous tout c'qui a d'plus délicat... d'la coine aux pommes de terre, par exemple ; c'est ma p'tite friandise...

Mad. DUTRANCHET.

I n'se refuse rien.

LARIPOPÉE.

Ne vous inquiétez pas : vous serez content.

DUTRANCHET.

Vous nous mettrez aussi dans l'petit cabinet du fond, à droite, au-dessus d'l'entresol.

LARIPOPÉE.

Au n°. 5... Ah! compère, je vous entend... Il y a du dessein... suffit, suffit... Hola, Catherine, Louison, Manon... vîte à la broche, à la cave, à la cuisine... Trois couverts au n°. 5. (*Il rentre.*)

SCENE X.

LES PRÉCÉDENS, *à la fenêtre*, DUTRANCHET.

DUTRANCHET.

Vermichel en papillotte.. blanquette à la ravigotte... rognons, saucisses, boudins... Tirepied! qu'eux ribotte j'allons faire avec c'te boutifaille-là !

Mad. DUTRANCHET.

J'espère ben en avoir ma part, et tu n'l'avaleras mordié pas sans moi.

DUTRANCHET.

Air : *Réveillez-vous.*

Rien que par les noms je devine
Qu'chaque plat doit être ben bon ;
Faut convenir que la cuisine
Est une fière invention.

A c'theure, m'est avis qu'il est tems d'aller au-devant d'mes deux p'tites convives... Mais tiens, n'les v'la-t-il pas déjà qui viennent par ici...

Mad. DUTRANCHET.

Descendons, car il est tems. (*Mad. Dutranchet, Jérôme et Thomas se retirent de la fenêtre.*)

SCENE XI.

FANCHON et JAVOTTE, *entrent en chantant.*

SCENE XII.

FANCHON, JAVOTTE, DUTRANCHET.

FANCHON et JAVOTTE.

Air : *Eh ! gai, gai, gai, mon officier.*

Eh ! gai, gai, gai, queux doux plaisir,
Qu'la panse,
Et pis la danse,
Eh ! gai, gai, gai, queux doux plaisir,
J'vons ben nous divertir !

DUTRANCHET.

De c'pas mes demoiselles,
J'allions au-d'vant de vous,
Approchez-vous, les belles,
Et réjouissons-nous...
Eh ! gai, gai, gai, etc.

FANCHON.

Eh ben ! vous êtes gentil, mon futur... c'est donc comme ça qu'vous êtes venu nous prendre ?

JAVOTTE.

L'bel amoureux transi ! n'y avait qu'à l'attendre.... j'venions voir si vous n'étiez pas tombé dans la lichefrite, mon bijou ?

DUTRANCHET.

Foi de Dutranchet, j'nons pas perdu z'une minute ;... mais l'ouvrage... les pratiques... les affaires...

FANCHON.

Air : *Oui noir.*

Il n'est z'aucune affaire
Qui, dans un tel instant,
Doivent occuper, compère,
Le cœur d'un tendre amant.

JAVOTTE.

J'vous l'disons franchement,
Ça n'est pas trop galant,
Faut être plus aimable...

DUTRANCHET.

Je m'reconnais coupabe,
Ma faute est excusabe,
Et j'la réparerons...

TOUTES DEUX.

Allons, allons,
Touchez-là, (*bis.*) j'pardonnons.

DUTRANCHET.

Queux bonté, mes adorables !... A présent que v'là la paix faite, n'songeons plus qu'à la réjouissance... pour moi...

Air : *des deux Jocrisses.*

Jusqu'à demain je chante, (*ter.*)
Et danse entre vous deux,
La fortune constante... (*ter.*)
Comble enfin tous mes vœux.
J'n'avons plus dans la tête
Qu'la petite chansonnette,
La gaité, l'amourette,
Et l'diner qui s'apprête;
Gai cocot,
Ah ! la bonne fête,
Qu'l'amour et l'fricot !

(*Dutranchet, Javotte et* Fanchon *achèvent l'air en dansant.*)

SCENE XIII ET DERNIERE.

Mad. DUTRANCHET, JEROME et THOMAS *sortent furtivement du cabaret pendant la danse, et se placent de manière qu'à la fin de la ritournelle,* JAVOTTE *se trouve dans les bras de* THOMAS, FANCHON *dans ceux de* JÉRÔME, DUTRANCHET *dans ceux de sa femme, qui le saisit au collet, et tous ensemble forment un tableau.*

THOMAS, JÉRÔME Mad. DUTRANCHET.

Bravissimo !

FANCHON.

C'est Jérome!

JAVOTTE.

C'est Thomas !

DUTRANCHET.

Ma femme ! c'est l'diable !

JAVOTTE et FANCHON.

Sa femme !

THOMAS.

Et oui, sa femme ; ça vous dégrise, n'est-ce pas ?

JÉRÔME.

J'vous félicitons d'vot' conquête... elle est fraîche.

Mad. DUTRANCHET, *secouant rudement son mari.*

J'te tiens donc à la fin, mandit scélérat !

JAVOTTE

Comment, savetier d'malheur, t'as une femme et tu venais nous en conter ! V'là donc tes affaires d'famille éclaircies ? marionnette d'pilori ?

FANCHON.

Tu voulais donc m'èpouser z'en redoublement, moule à satan, larron, affronteux, progéniture d'Lucifer ! ! !

JÉRÔME.

Trois à-la-fois ! quel accapareux d'gibier.

DUTRANCHET, *à part.*

C'est fait d'moi !

Mad. DUTRANCHET.

Air : *Ton humeur est Catherine.*

Tu tombes donc sous ma patte,
Infâme et perfide époux !

FANCHON et JAVOTTE.

Quoi ! ton ame scélérate
Voulait z'abuser de nous !

Mad. DUTRANCHET.

Pour combler enfin l'outrage,
Tu parles de divorcer !

TOUTES TROIS.

J'allons commencer l'ouvrage,
Jarni ! par te ben rosser...

Mad. DUTRANCHET, *le rossant.*

Tiens, tiens, v'là pour tes trahisons...

FANCHON, *idem.*

Tiens v'là pour tes parfidies.

JAVOTTE, *idem.*

Tiens, v'là pour tes impostures.

THOMAS, *riant.*

Ah! ah! ah! c'que c'est qu'd'être galant. Ah! ah! ah!

JÉRÔME, *idem.*

Ah! ah! ah! on y gagne toujours queuqu'chose... ah! ah! ah!

DUTRANCHET, *criant.*

Aih! aih! aih!

Air : *Du haut en bas.*

Du haut en bas,
J'ai déjà l'échine malade,
Du haut en bas,
Vous me brisez jambes et bras;
Si vous continuez l'aubade,
J'ai l'dos tout en capilotade,
Du haut en bas.

Grace, grace, grace...

Mad. DUTRANCHET.

Grace à toi, traître!... le mérites-tu?

DUTRANCHET.

Ma p'tite femme... ma chère... ma bonne petite femme....

Mad. DUTRANCHET, *d'un air touché.*

Trop bonne, pendard, et tu as abusé d'ma douceur.... Trahir... outrager... abandonner une épouse tendre et sensibe, qui t'aimait, t'adorait, t'idolâtrait... (*Elle le rosse encore.*)

DUTRANCHET.

Distraction d'jeunesse, ma poule... Je reviens à toi, ne rebutes pas ton petit homme...

Mad. DUTRANCHET.

Un trompeur, un feignant, un ivrogne, un mange-tout, un libertin.

DUTRANCHET.

J'vas me jeter dans la réforme.

Mad. DUTRANCHET.

Qui courtise toutes les femmes.

DUTRANCHET.

Je n'serai pus volage.

Mad. DUTRANCHET.

Qui m'a tout pris, tout vendu... meubles, effets, habits...

DUTRANCHET.

Ils étiont aussi vieux qu'toi, ma cocotte, j't'en voulons bailler à la mode... à la Titus... à la Caracalla...

Mad. DUTRANCHET.

Et broquenté jusqu'à ma portraiture.

DUTRANCHET.

N'est-elle pas toujours gravé z'au fond d'mon cœur, en mignature ?

FANCHON.

T'nez, la mère Dutranchet, i m'paraît ben repentant, pardonnez-y... Quand à c'quest d'nous deux Javotte, n'faut pas nous en vouloir; car j'vous prévenons, foi d'honnête fille, qu'tout c'que j'ons dit et fait à vot'heume n'était qu'une frime, et que j'n'avions pas d'autres intentions que d'nous ben gausser d'lui.

DUTRANCHET, *à part.*

Les bonnes pièces !

JAVOTTE.

J'ons chacune, pour amoureux véritable, elle Jérôme, et moi Thomas, à qui j'étions ben aises d'glisser un tantinet d'jalousie, à seul' fin d'les éprouver avant l'mariage.

FANCHON.

J'nons pas cessé d'leux êtr' fidelles, et j'espérons ben que d'leux côté, i nous gardons pas d'rencune.

JÉRÔME.

Mordienne! c'est i ben vrai, c'que vous dites-là, mam'zelle Fanchon ?

THOMAS.

C'est i pas encore une frime d'vot' part au vis-à-vis d'nous?

JAVOTTE.

Pour preuve d'not' sincérité, tiens, v'là ma main, mon cœur est z'au bout.

FANCHON.

J'ten baille autant, Jérôme; est-tu content ?

JÉRÔME.

Mieux qu'ça, mam'zelle, j'sommes heureux !

THOMAS.

Queux bonheur ! queux satisfaction !... Allons, mère Dutranchet, pour aujourd'hui, z'un jour d'réconciliance... n'soyez pas pus fâchée qu'nous, et rappapillottez-vous avec vot'homme.

DUTRANCHET.

Chère et tendre moitié, rendez enfin les armes ;
Pourriez-vous pus long-tems résister à mes larmes !

Mad. DUTRANCHET.

Le bon apôtre !.... Mais j'voyons ben qu'il en faut passer par-là... Lève-toi, vaurien, j'te pardonne.

DUTRANCHET, *se levant.*

Me v'là ressussité! Thomas, Jérôme, Fanchon, Javotte, l'dîner est commandé; j'allons l'partager tous les six en réjouissance d'not' rapapillotage.

TOUS.

Ça va.

DUTRANCHET.

V'là qu'est dit... Plus d'rencune, ma p'tite femme...

VAUDEVILLE.

Air: *Servantes, quittez vos paniers.*

DUTRANCHET, *à sa femme.*

Déjà pour toi nouvelle ardeur
En mon ame se glisse;
D'mes conquêtes, en ta faveur,
J'faisons le sacrifice.
Comme moi que chaque mari,
Prenant sagement son parti,
A sa femme, dès-aujourd'hui,
Ainsi se réunisse.

Mad. DUTRANCHET.

Si j't'avons baillé ton pardon,
J'pouvons, avec justice,
Y mettre une condition
Qu'faut qu'un époux remplisse.
J'veux, qu'à commencer de ce jour,
Tu ne fasse qu'à moi la cour,
Et qu'à l'hymen le tendre amour
Chez nous se réunisse.

FANCHON.

L'amour jaloux et soupçonneux
N'est vraiment qu'un supplice,
Mes amis qu'aucun de vous deux
Jamais ne le subisse.
J'ons de la vertu, de l'honneur,
Et pour notre commun bonheur
Faut qu'l'estime dans votre cœur
A la flamme s'unisse.

JAVOTTE.

La fortune avec tous ces dons
N'a rien qui m'éblouisse,
Facilement j'nous en passons,
Pourvu qu'not' cœur jouisse,
Et qu'dans ce nœud tant souhaité,
Que j'formons avec tant d'gaîté,
A l'amour, la fidélité
Toujours se réunisse.

DUTRANCHET, *au public.*

L'auteur du *Galant Savetier*,
Dit-on, avec malice,
Certainement de son métier
Vient de donner l'esquisse.
N'importe, s'il a réussi,
Son unique but est rempli,
Pourvu qu'chacun de vous ici
Souvent se réunisse.

www.ingramcontent.com/pod-product-compliance
Ingram Content Group UK Ltd.
Pitfield, Milton Keynes, MK11 3LW, UK
UKHW021317190726
13839UKWH00007B/1921

9 782329 595139